Viva Los Suenos Vol. 2

Serna

Joker &
the Queen
PUBLISHING

VIVA LOS SUENOS VOL. 2

To Cheech Marin. To John Leguizamo. To George Lopez.

This book, the one before it, and every volume that follows exists because you showed a little Mexican kid like me that I belonged.

Whether it was onstage, in a classroom, a library, or a museum—

you made space for us.

You didn't just take a seat.

You built the table.

You made our stories feel normal, necessary, and worth telling.

Thank you.

This one's for you.

Viva los Sueños! Vol. 2

Stories of Latino Inspiration and Everyday Heroes

Written by Sergio Serna

Illustrated with AI assistance

Published by Joker and the Queen Publishing

San Jose, California

First Edition

ISBN: 9798999222138

LCCN: 2025914281

Printed in the United States of America

ROBERTO CLEMENTE

Roberto Clemente Helped On and Off the Field / Roberto Clemente ayudó dentro y fuera del campo

Roberto loved baseball. / A Roberto le encantaba el béisbol.
He practiced every day. / Practicaba todos los días.
He threw fast. He hit far. / Lanzaba rápido. Pegaba lejos.
And he dreamed of playing with the best. / Y soñaba con jugar con los mejores.

He grew up in Puerto Rico. / Creció en Puerto Rico.

When he got older, he joined the Pittsburgh Pirates. / Cuando creció, se unió a los Piratas de Pittsburgh.

He ran fast. He made history. / Corría rápido. Hizo historia.

He was the first Latino player to be named MVP. / Fue el primer jugador latino nombrado Jugador Más Valioso.

But Roberto didn't just care about baseball. / Pero a Roberto no solo le importaba el béisbol.

He cared about people. / Le importaba la gente.

He gave food and help to families in need. / Daba comida y ayuda a familias necesitadas.

He used his heart as much as his bat. / Usaba su corazón tanto como su bate.

When an earthquake hit Nicaragua, / Cuando un terremoto golpeó a Nicaragua,

Roberto got on a plane full of supplies. / Roberto se subió a un avión lleno de suministros.

He wanted to help. / Quería ayudar.

He didn't make it home. / No volvió a casa.

But his story didn't stop there. / Pero su historia no terminó ahí.

Now we remember him as a hero. / Ahora lo recordamos como un héroe.

A helper. / Un ayudante.

A dreamer who made room for others to dream too. / Un soñador que abrió camino para que otros también soñaran.

What could you do today to help someone in need? / ¿Qué podrías hacer hoy para ayudar a alguien que lo necesita?

CRISTELA ALONZO

Cristela Alonzo Made People Laugh and Listen / *Cristela Alonzo hizo reír y reflexionar a la gente*

Cristela loved to tell stories. / *A Cristela le encantaba contar historias.* She joked with her family. / *Bromeaba con su familia.* She made her friends laugh. / *Hacía reír a sus amigos.* And she dreamed of being on TV. / *Y soñaba con salir en la televisión.*

She grew up in Texas. / *Creció en Texas.* Her family didn't have much money. / *Su familia no tenía mucho dinero.* But they had love, courage, and each other. / *Pero tenían amor, valentía y se tenían unos a otros.* Cristela used laughter to get through hard times. / *Cristela usó la risa para superar momentos difíciles.*

One day, she got her own TV show. / *Un día, tuvo su propio programa de televisión.* She wrote it. She starred in it. / *Lo escribió. Lo protagonizó.* She was the first

Latina to ever do that in the United States. / Fue la primera latina en hacerlo en Estados Unidos.

Cristela's stories made people laugh. / Las historias de Cristela hacían reír a la gente. But they also made people think. / Pero también los hacían pensar. She showed the world that working-class Latinas are smart, funny, and full of dreams. / Mostró al mundo que las latinas de clase trabajadora son inteligentes, graciosas y llenas de sueños.

Now she speaks up for fairness. / Ahora alza la voz por la justicia. For kindness. / Por la amabilidad. For families like hers. / Por familias como la suya.

What story could you tell to help people understand your world? / ¿Qué historia podrías contar para ayudar a otros a entender tu mundo?

SELENA GOMEZ

Selena Gomez Used Her Voice in More Ways Than One / **Selena Gomez usó su voz de muchas maneras**

Selena loved to perform. / A Selena le encantaba actuar. She sang at backyard parties. / Cantaba en fiestas en el patio. She acted in school plays. / Actuaba en obras escolares. And she dreamed of shining on stage. / Y soñaba con brillar en el escenario.

5

She started on a kids' TV show when she was little. / Comenzó en un programa infantil cuando era niña. Then she grew up and made music that millions of people sang along to. / Luego creció y creó música que millones de personas cantaban. But Selena wasn't just a star. / Pero Selena no era solo una estrella. She was also a helper. / También era una persona que ayudaba.

Selena spoke out about mental health. / Selena habló sobre la salud mental. She shared her own story so others wouldn't feel alone. / Compartió su propia historia para que otros no se sintieran solos. She made a beauty company that celebrates every kind of face. / Fundó una empresa de cosméticos que celebra todo tipo de rostros. And she reminded kids to be kind to themselves. / Y les recordó a los niños que deben ser amables consigo mismos.

Selena showed that being strong means being honest. / Selena demostró que ser fuerte significa ser honesto. And that your voice can change the world. / Y que tu voz puede cambiar el mundo.

How could you use your voice to make a difference? / ¿Cómo podrías usar tu voz para marcar la diferencia?

CHEECH MARIN

Cheech Marin Believed Art Belonged to Everyone / Cheech Marin creía que el arte era para todos

Cheech loved to make people laugh. / A Cheech le encantaba hacer reír a la gente.

He acted in movies. He told jokes on stage. / Actuaba en películas. Contaba chistes en el escenario.

But behind the humor, he had a deep love for something else—art. / Pero detrás del humor, tenía un profundo amor por otra cosa: el arte.

Cheech grew up seeing beauty in Chicano culture. / Cheech creció viendo la belleza en la cultura chicana.

In colors. In symbols. In the stories on canvas and in clay. / En colores. En símbolos. En las historias en lienzo y en barro.

He didn't just admire the art. He saved it. / No solo admiraba el arte. Lo preservó.

Over the years, Cheech built one of the biggest collections of Chicano art in the world. / A lo largo de los años, Cheech creó una de las colecciones de arte chicano más grandes del mundo.

He wanted everyone to see it. / Quería que todos pudieran verlo.

So he helped open The Cheech, a museum just for Chicano artists. / Así que ayudó a abrir The Cheech, un museo solo para artistas chicanos.

Now people from everywhere visit the museum. / Ahora, personas de todas partes visitan el museo.

They see their culture celebrated. / Ven su cultura celebrada.

Their history honored. / Su historia honrada.

Their dreams on display. / Sus sueños exhibidos.

Cheech showed the world that art isn't just something fancy. / Cheech mostró al mundo que el arte no es solo algo elegante.

It's something powerful. / Es algo poderoso.

And it belongs to all of us. / Y nos pertenece a todos.

What kind of art would you collect to show the world who you are? / ¿Qué tipo de arte coleccionarías para mostrarle al mundo quién eres?

LARRY GONZALEZ, SONNY MADRID & DAVID NUNEZ

Larry, Sonny, and David Told Stories Through Cars and Culture / Larry, Sonny y David contaron historias a través de autos y cultura

Larry Gonzalez had a camera. / Larry Gonzalez tenía una cámara. Sonny Madrid had a vision. / Sonny Madrid tenía una visión. David Nuñez had a way with words. / David Nuñez tenía facilidad con las palabras. And they all loved lowriders. / Y todos amaban los lowriders.

They grew up seeing beauty in what others overlooked. / Crecieron viendo belleza donde otros no la veían. They saw pride in polished chrome. / Veían orgullo en el cromo reluciente. And stories in every paint job. / Y encontraban historias en cada pintura.

Together, they created Lowrider Magazine. / Juntos crearon la revista Lowrider. It wasn't just about cars. / No se trataba solo de autos. It was about family. / Se trataba de familia. Culture. / Cultura. Identity. / Identidad.

Their pages showed Chicano pride. / Sus páginas mostraban orgullo chicano. Their photos captured voices that weren't always heard. / Sus fotos captaban voces que no siempre eran escuchadas. They made room for a culture that rolled with strength and style. / Le dieron espacio a una cultura que avanzaba con fuerza y estilo.

Larry, Sonny, and David proved that storytelling comes in many forms. / Larry, Sonny y David demostraron que contar historias tiene muchas formas. And sometimes, those stories ride low and shine bright. / Y a veces, esas historias van bajitas y brillan fuerte.

What would you put in a magazine about your world? / ¿Qué pondrías en una revista sobre tu mundo?

VICTOR OCHOA

Victor Ochoa Painted His History on the Walls / Victor Ochoa pintó su historia en los muros

Victor loved to draw. / A Victor le encantaba dibujar. He drew at home. He drew at school. / Dibujaba en casa. Dibujaba en la escuela. He saw stories in colors. / Veía historias en los colores. And he dreamed of painting them big. / Y soñaba con pintarlas en grande.

He grew up in California. / Creció en California. His neighborhood didn't always feel seen. / Su vecindario no siempre se sentía visto. So Victor used art to show its beauty and power. / Así que Victor usó el arte para mostrar su belleza y poder.

He painted murals on buildings. / Pintó murales en edificios. Stories of struggle. / Historias de lucha. Stories of strength. / Historias de fortaleza. Stories of Chicano pride. / Historias de orgullo chicano.

Victor didn't paint just for fun. / Victor no pintaba solo por diversión. He painted to teach. / Pintaba para enseñar. To remember. / Para recordar. To celebrate. / Para celebrar.

His murals made walls talk. / Sus murales hacían hablar a los muros. And his art made sure his people's stories were never forgotten. / Y su arte se aseguraba de que las historias de su gente nunca fueran olvidadas.

What story would you paint if the world were your canvas? / ¿Qué historia pintarías si el mundo fuera tu lienzo?

GABRIELA REYES FUCHS

Gabriela Reyes Fuchs Turned Light Into Memory / Gabriela Reyes Fuchs convirtió la luz en memoria

Gabriela loved to look closely. / A Gabriela le encantaba observar con atención. At faces. At shadows. At the light in people's eyes. / A los rostros. A las sombras. A la luz en los ojos de las personas. She took photos that told stories without words. / Tomaba fotos que contaban historias sin palabras. And she dreamed of making the invisible seen. / Y soñaba con hacer visible lo invisible.

She grew up in Mexico. / Creció en México. When someone she loved passed away, Gabriela felt a big sadness. / Cuando alguien que amaba falleció, Gabriela sintió una gran tristeza. So she used her camera to explore grief. / Así que usó su cámara para explorar el duelo. And she found a way to honor it. / Y encontró una forma de honrarlo.

She created something called Inner Light. / Creó algo llamado Luz Interior. A way to photograph the ashes of loved ones and turn them into glowing images. / Una forma de fotografiar las cenizas de seres queridos y convertirlas en imágenes luminosas. Pictures full of color. / Imágenes llenas de color. Full of feeling. / Llenas de sentimiento.

Gabriela used science and art together. / Gabriela usó la ciencia y el arte juntos. To heal. / Para sanar. To comfort. / Para consolar. To remind us that the people we love never fully disappear. / Para recordarnos que las personas que amamos nunca desaparecen del todo.

What beautiful thing would you create to remember someone special? / ¿Qué cosa hermosa crearías para recordar a alguien especial?

DR. MARIA DEL SOCORRO FLORES GONZALEZ

Dr. María del Socorro Flores González Stood for Justice Around the World / La Dra. María del Socorro Flores González defendió la justicia en todo el mundo

María was a deep thinker. / María era una pensadora profunda. She asked big questions. / Hacía grandes preguntas. She read big books. / Leía libros importantes. And she dreamed of making things fair. / Y soñaba con hacer las cosas justas.

She grew up in Mexico. / Creció en México. She studied hard and became a lawyer. / Estudió mucho y se convirtió en abogada. Then she kept going. / Y siguió adelante. She became the first Mexican woman elected to the International Criminal Court. / Se convirtió en la primera mujer mexicana elegida para la Corte Penal Internacional.

María listens to stories from people who have been hurt. / María escucha historias de personas que han sido lastimadas. She stands up for what's right. / Defiende lo que es justo. And she helps bring justice when it matters most. / Y ayuda a que haya justicia cuando más se necesita.

She works with people from all over the world. / Trabaja con personas de todo el mundo. To protect the innocent. / Para proteger a los inocentes. And to speak up for those who can't. / Y para hablar por aquellos que no pueden.

What would you stand up for if the whole world was listening? / ¿Por qué te levantarías si todo el mundo estuviera escuchando?

SONIA SOTOMAYOR

Sonia Sotomayor Showed Kids They Belong Everywhere / Sonia Sotomayor les mostró a los niños que pertenecen a todos lados

Sonia loved to read. / A Sonia le encantaba leer. She read books in bed. / Leía libros en la cama. She read books on the subway. / Leía libros en el metro. And she dreamed of becoming a judge. / Y soñaba con ser jueza.

She grew up in the Bronx. / Creció en el Bronx. Her family worked hard. / Su familia trabajaba duro. And Sonia worked hard too. / Y Sonia también trabajó mucho. She studied and studied until her dream came true. / Estudió y estudió hasta que su sueño se hizo realidad.

Sonia became the first Latina justice on the Supreme Court. / Sonia se convirtió en la primera jueza latina en la Corte Suprema. The highest court in the United

States. / La corte más alta de los Estados Unidos. A place where the biggest decisions are made. / Un lugar donde se toman las decisiones más importantes.

Now Sonia writes books for kids. / Ahora Sonia escribe libros para niños. She visits schools. / Visita escuelas. And she tells every child: / Y le dice a cada niño: You belong. You matter. You can do great things. / Tú perteneces. Tú importas. Tú puedes hacer grandes cosas.

Where do you dream of sitting one day? / ¿Dónde sueñas con estar algún día?

DR. LYDIA VILLA-KAMAROFF

Dr. Lydia Villa-Komaroff Made Medicine from Microbes / La Dra. Lydia Villa-Komaroff creó medicina a partir de microbios

Lydia loved asking questions. / A Lydia le encantaba hacer preguntas. She asked how things worked. / Preguntaba cómo funcionaban las cosas. She asked why things were the way they were. / Preguntaba por qué las cosas eran como eran. And she dreamed of doing science that could help people. / Y soñaba con hacer ciencia que pudiera ayudar a las personas.

She grew up in New Mexico. / Creció en Nuevo México. She worked hard in school. / Estudió mucho en la escuela. And when others said science was "not for girls," Lydia kept going. / Y cuando otros decían que la ciencia "no era para niñas," Lydia siguió adelante.

She became a molecular biologist. / Se convirtió en bióloga molecular. She helped scientists figure out how to make insulin using bacteria. / Ayudó a los científicos a descubrir cómo hacer insulina usando bacterias. That discovery helped people with diabetes all over the world. / Ese descubrimiento ayudó a personas con diabetes en todo el mundo.

Lydia showed that science isn't just for men. / Lydia demostró que la ciencia no es solo para hombres. It isn't just for one kind of person. / No es solo para un tipo de persona. It's for anyone curious enough to chase the answers. / Es para cualquiera lo suficientemente curioso como para buscar las respuestas.

What question would you explore if nothing could hold you back? / ¿Qué pregunta explorarías si nada pudiera detenerte?

JOHN LEGUIZAMO

John Leguizamo Told the Stories Others Wouldn't / John Leguizamo contó las historias que otros no querían

John loved to act. / A John le encantaba actuar. He told jokes. He did voices. / Contaba chistes. Hacía voces. He played wild, funny, serious, and smart. / Interpretaba personajes alocados, divertidos, serios e inteligentes. And he dreamed of seeing more people like him on screen. / Y soñaba con ver a más personas como él en la pantalla.

He grew up in Queens, New York. / Creció en Queens, Nueva York. At auditions, he heard, "Can you act less Latino?" / En audiciones, le decían: "¿Puedes actuar menos latino?" But John didn't shrink—he created his own stage. / Pero John no se achicó—creó su propio escenario.

He wrote and starred in one-man shows. / Escribió y protagonizó monólogos. About family. About struggle. About pride. / Sobre la familia. Sobre la lucha. Sobre el orgullo. He made people laugh. He made them think. / Hacía reír a la gente. Les hacía pensar. And he didn't wait for permission to tell his story. / Y no esperó permiso para contar su historia.

Now he uses his voice to teach history. / Ahora usa su voz para enseñar historia. To call out injustice. / Para señalar las injusticias. To open doors for the next kids coming up. / Para abrir puertas a los niños que vienen detrás.

John proved that being loud, proud, and fully yourself is power. / John demostró que ser ruidoso, orgulloso y auténtico es un poder.

What story do you wish the world could hear? / ¿Qué historia quisieras que el mundo escuchara?

EVERYDAY SUENOS

Everyday Sueños / **Sueños de Todos los Días**

Why I Made This Section / Por Qué Hice Esta Sección Not every hero is in a history book, they simply report it. / No todos los héroes están en los libros de historia, solo los reportan. Some are in your neighborhood. / Algunos están en tu vecindario. Some are in your family. / Algunos están en tu familia. Some are you. / Algunos eres tú.

Everyday Sueños is my way of shining a light on people making a difference quietly or locally, / Sueños de Todos los Días es mi forma de destacar a personas que hacen la diferencia en silencio o a nivel local, with care, kindness, and courage. / con cuidado, amabilidad y valentía. I added this section because I believe greatness isn't about fame. / Agregué esta sección porque creo que la grandeza no se trata de la fama. It's about heart. / Se trata del corazón.

MS. RACHEL CASTRO - TEACHER

Ms. Rachel Castro Taught the ABCs—and So Much More / La Sra. Rachel Castro enseñó el abecedario—y mucho más

Ms. Castro loves to teach. / A la Sra. Castro le encanta enseñar.
She sings. She dances. She wears silly hats. / Canta. Baila. Usa sombreros divertidos.
And every year, she turns the alphabet into a celebration. / Y cada año convierte el abecedario en una celebración.

In her classroom, A is for Awesome. / En su salón, la A es para Asombroso.
B is for Brave. / La B es para Valiente.
And C? That's for the Kindergartners who leave her class full of confidence. / ¿Y la C? Para los niños de kínder que salen de su clase llenos de confianza.

For over 20 years, Ms. Castro has welcomed children into their first year of school with love, patience, and joy. / Durante más de 20 años, la Sra. Castro ha recibido a los niños en su primer año escolar con amor, paciencia y alegría.
She doesn't just teach kids how to read or count— / No solo les enseña a leer o contar—
She teaches them how to believe in themselves. / Les enseña a creer en sí mismos.

During ABC Boot Camp, she dresses like a different letter every day. / Durante el "Campamento ABC", se disfraza de una letra diferente cada día.
A Queen for Q. A sloth for S. / Una reina para la Q. Un perezoso para la S.
Her classroom becomes a magical place where learning feels like fun. / Su salón se convierte en un lugar mágico donde aprender es divertido.

But Ms. Castro doesn't stop with her students. / Pero la Sra. Castro no se detiene con sus alumnos.
She lifts up the adults in the room too. / También inspira a los adultos que están con ella.
Many of her aides have gone on to become teachers—because of her guidance, her heart, and her belief in their potential. / Muchas de sus asistentes se han convertido en maestras—gracias a su guía, su corazón y su fe en su potencial.

So when you walk into Ms. Castro's classroom, you're not just seeing the start of one school year. / Así que cuando entras al salón de la Sra. Castro, no solo ves el inicio de un año escolar.
You're seeing the start of a hundred futures—students and teachers alike. / Estás viendo el comienzo de cientos de futuros—de estudiantes y de maestros.

She's not famous. She's not on TV. / No es famosa. No sale en la televisión.
But if you ask her students, she's the best teacher in the world. / Pero si le preguntas a sus alumnos, es la mejor maestra del mundo.
And maybe the most important one they'll ever have. / Y tal vez la más importante que tendrán en sus vidas.

What kind of teacher would you want to be—for others, or for yourself? / ¿Qué tipo de maestro(a) te gustaría ser—para los demás o para ti mismo(a)?

LAURA GARCIA – NEWS ANCHOR

Laura Garcia Spoke Truth with Heart / Laura Garcia dijo la verdad con el corazón

Laura loved to ask questions. / A Laura le encantaba hacer preguntas. She asked what happened. / Preguntaba qué pasó. Why it happened. / Por qué pasó. And what it meant for her community. / Y qué significaba para su comunidad.

She grew up in California. / Creció en California. She watched the news and dreamed of being the one telling it. / Veía las noticias y soñaba con ser quien las contara. Not just reading headlines— / No solo leyendo titulares— but sharing stories that mattered. / sino compartiendo historias que importaban.

Laura became a news anchor in the Bay Area. / Laura se convirtió en presentadora de noticias en el Área de la Bahía. She told the truth with care. / Decía la verdad con cuidado. She asked hard questions with kindness. / Hacía preguntas difíciles con amabilidad. She made sure every voice had a chance to be heard. / Se aseguraba de que todas las voces tuvieran la oportunidad de ser escuchadas.

For over 25 years, Laura has anchored Today in the Bay, / Durante más de 25 años, Laura ha sido presentadora en "Today in the Bay," helping families start their mornings informed and connected. / ayudando a las familias a comenzar sus mañanas informadas y conectadas. She didn't chase fame. / No persiguió la fama. She chased facts. / Persiguió los hechos.

She showed kids that Latinas belong in front of the camera— / Les mostró a los niños que las latinas pertenecen frente a las cámaras— as storytellers, leaders, and trusted voices. / como narradoras, líderes y voces confiables.

And when the cameras turned off, / Y cuando se apagaban las cámaras, Laura stepped into her most important role of all— / Laura asumía su papel más importante de todos— being a mom to triplets. / ser mamá de trillizos. Three kids. One heart full of love. / Tres hijos. Un corazón lleno de amor. And still showing up with strength, every day. / Y aún así, con fuerza todos los días.

Laura reminded us: / Laura nos recordó: That telling the truth is powerful. / Que decir la verdad es poderoso. That being visible matters. / Que ser visible importa. And that representation starts with someone brave enough to step up. / Y que la representación comienza con alguien lo suficientemente valiente como para dar un paso al frente.

What story would you tell if you had a microphone and the whole world was listening? / ¿Qué historia contarías si tuvieras un micrófono y el mundo entero te estuviera escuchando?

PROFESSORS BARBOSA & FAVELA

Professors Barbosa and Favela Taught with Heart / **Los Profesores Barbosa y Favela enseñaron con el corazón**

Some dreamers walk quietly / Algunos soñadores caminan en silencio but carry generations with them. / pero llevan generaciones con ellos.

Professor Eli Barbosa and Professor Larissa Favela are two of those dreamers. / El profesor Eli Barbosa y la profesora Larissa Favela son dos de esos soñadores. They don't just teach Chicano/Latino and Ethnic Studies at Ohlone College, / No solo enseñan Estudios Chicanos/Latinos y Étnicos en Ohlone College, They build community. / Construyen comunidad. They build pride. / Construyen orgullo. They build people. / Construyen personas.

I know this, / Yo lo sé, because I was one of their students. / porque fui uno de sus estudiantes.

Professor Barbosa leads with heart. / El profesor Barbosa guía con el corazón. His classroom is a place of respect and real talk. / Su aula es un lugar de respeto y conversación real. He listens. / Él escucha. He challenges. / Él reta. He reminds students that they matter. / Recuerda a los estudiantes que importan.

Professor Favela brings warmth, wisdom, / La profesora Favela aporta calidez, sabiduría, and belief that can move mountains. / y una fe que puede mover montañas. She sees your best self, / Ella ve lo mejor de ti, and helps you see it too. / y te ayuda a verlo también.

Together, they don't just teach history, / Juntos, no solo enseñan historia, They remind students they are part of it. / Recuerdan a los estudiantes que son parte de ella.

This page is a thank you. / Esta página es un agradecimiento. For every lesson. / Por cada lección. For every push. / Por cada empujón. For every space they created where students could be seen, / Por cada espacio que crearon donde los estudiantes podían ser vistos, be heard, / ser escuchados, and be proud. / y sentirse orgullosos.

Because of them, / Gracias a ellos, I dream bigger. / Sueño en grande. I stand taller. / Me mantengo firme. I carry my story with pride. / Llevo mi historia con orgullo.

Who helped you believe in your story before you believed in it yourself? / ¿Quién te ayudó a creer en tu historia antes de que tú creyeras en ella?

A New Message for the Next Dreamer / Un Nuevo Mensaje para el Próximo Soñador

You don't have to wait to be great. / No tienes que esperar para ser grandioso. You don't have to ask for permission to dream. / No tienes que pedir permiso para soñar.

The people in this book? / ¿Las personas en este libro? They were once just kids like you / Alguna vez fueron niños como tú: curious, bold, unsure, excited. / curiosos, valientes, inseguros, emocionados.

They didn't all follow the same path. / No todos siguieron el mismo camino. Some painted. Some protested. / Algunos pintaron. Algunos protestaron. Some made music, science, or justice. / Algunos crearon música, ciencia o justicia. But they all did one thing the same: / Pero todos hicieron algo igual: They showed up as themselves. / Se presentaron como ellos mismos.

And that's what you can do too. / Y eso es lo que tú también puedes hacer.

You are not too loud. / No eres demasiado ruidoso. Not too quiet. / Ni demasiado callado. Not too small. / Ni demasiado pequeño. You are exactly enough. / Eres exactamente suficiente.

Your dreams are not silly. / Tus sueños no son tontos. Your questions are not too big. / Tus preguntas no son demasiado grandes. Your culture is not something to hide. / Tu cultura no es algo que debas esconder.

Be proud of your roots. / Siéntete orgulloso de tus raíces. Be proud of your fire. / Siéntete orgulloso de tu fuego. Be proud of your sueños. / Siéntete orgulloso de tus sueños.

And when it's your turn to lead, / Y cuando sea tu turno de liderar, don't just follow the path. / no solo sigas el camino. Make a new one. / Crea uno nuevo. The world will be better for it. / El mundo será mejor por ello.

31

When I first started this series, it wasn't just about writing a children's book. It was about pushing back against a narrative that too often leaves us out or paints us in narrow, harmful ways. I looked at the state of the world and knew I couldn't stay silent. I wanted to create something that reminded our children who they are, and who they can be.

¡Viva los Sueños! exists because our kids deserve to see themselves in the stories that inspire. They deserve to know that greatness runs in their blood, that their roots are strong, and that their culture is not a footnote, it's a foundation.

This series is my love letter to every child who's ever felt unseen. It's proof that our stories matter. That *we* matter.

Let's keep building a future where that truth is never in question.